천재교육

┌ 글 **박소영** ┐

어린이책 편집자로 일하며 다양한 글을 쓰고 여러 콘텐츠를 기획했습니다.
지은 책으로는 스마일 경제 동화 시리즈가 있고, 번역한 책으로는
《내 친구 호르헤》, 《롤렉: 성 요한 바오로 2세》 등이 있습니다.

┌ 만화 **김기수** ┐

1993년 소년 잡지 《챔프》 공모전에서 수상하고 본격적으로 만화를 그리기 시작했습니다.
지금도 어린이들에게 재미있고 유익한 만화를 보여 주기 위해 다양한 작품을 그리며 열심히 활동하고 있습니다.
대표작으로는 《쿠키런 서바이벌 대작전》, 《쿠키런 킹덤》, 《신비아파트 한자 귀신》, 《코딩맨 엔트리》 등이 있습니다.

┌ 학습·감수 **왕홍식** ┐

고려대학교 역사교육과를 졸업하고 서울 보성중학교에서 역사를 가르치고 있습니다.
'어떻게 하면 역사를 잘 가르칠 수 있을까?' 고민하는 역사 교사들의 모임인 '역사사랑'에서 활동하고 있습니다.
2013년 중학교 역사 교과서를 집필하고, 《EBS 스토리 한국사》, 《EBS 필독 중학 한국사》, 《EBS 필독 중학 세계사》,
《생각하는 세계사》, 《살아 있는 세계사 교과서》, 《그림으로 보는 정의로운 인물들》 등의 집필에 참여했습니다.

LIVE 세계사 ⑰ 이집트

발행 | 2023년 3월 3일 초판 **인쇄** | 2023년 2월 24일 1쇄
발행처 | (주)천재교육
글 | 박소영 **만화** | 김기수 **삽화** | 김석 **학습·감수** | 왕홍식
편집 | 천재교육 만화사업팀 **북디자인** | Design Plus
사진 제공 | 셔터스톡, 위키피디아
신고번호 | 제2001-000018호(1980.5.28)
팩스 | 02-3282-1717
고객만족센터 | 1577-0902
주소 | 08513 서울특별시 금천구 가산로9길 54
홈페이지 | www.chunjae.co.kr

ISBN 979-11-259-7051-4 74900
ISBN 979-11-259-7034-7 74900 (세트)

인물로 보는 세계 역사
LIVE 세계사
⑰ 이집트

찬란한 문명과 함께 이집트의 역사 인물을 만나요!

'이집트' 하면 사막 한가운데 웅장하게 서 있는 피라미드와 스핑크스가 떠오를 거예요. 어떻게 척박한 사막에서 이집트 문명이 발생할 수 있었을까요? 바로 아프리카 중부에서 시작해 북쪽 지중해로 흐르는 나일강 덕분이에요. 고대 그리스 역사가 헤로도토스는 이집트를 '나일강의 선물'이라고 표현했답니다.

이집트를 여행한 사람은 꼭 다시 가 보고 싶어 한다고 해요. 고대 유적과 유물을 보고 커다란 감동을 받기 때문이지요. 하지만 이집트는 페르시아의 침략 이후 주인이 자주 바뀌었어요. 알렉산더 제국과 로마 제국, 비잔티움 제국, 이슬람 제국과 오스만 제국의 지배를 받았고, 오랜 기간 영국의 통치 아래 있었어요. 이 과정에서 이집트 문명이 무너졌지만, 빛나는 문화는 서양과 이슬람 문화에 스며들어 많은 영향을 주었어요.

이집트 역사에서 처음으로 만나 볼 인물은 '쿠푸왕'이에요. 기자의 대피라미드를 세운 파라오이지요. 이집트 문명의 전성기를 이끈 파라오는 '람세스 2세'예요. 히타이트와 세계 최초의 평화 협정을 맺었고, 많은 신전을 세웠어요. 이슬람 관용의 상징 '살라딘'은 십자군으로부터 예루살렘을 되찾았고, 오스만 제국 지배 시기에 이집트 총독이 된 '무함마드 알리'는 이집트 근대화를 이끌었어요. 하지만 그 뒤로 이집트는 수에즈 운하 건설로 큰 빚을 졌고, 영국의 지배를 받았어요. 이후 친영 정부에 맞서 '나세르'가 쿠데타를 일으켜 대통령이 되었어요. 나세르는 운하를 되찾고 제3 세계의 영향력 있는 지도자가 되었답니다.

자, 유구한 이집트 역사와 위대한 인물들을 만나러 떠나 볼까요?

왕홍식
서울 보성중학교 교사

나비 효과! 연약한 나비의 날갯짓 하나가 지구 반대편에 있는 나라에 큰 태풍을 만들어 낼 수 있다는 뜻이에요. 지구촌에 사는 우리 모두가 밀접하게 서로 영향을 주고받는다는 것을 보여 주는 말이지요. 《LIVE 세계사》는 세계인과 친구가 되고 함께 살아갈 여러분에게, 흥미 있는 세계사를 보여 줄 것입니다.

김태규
서울 장충고등학교 교사

현재 우리가 살아가는 지구에는 수많은 나라와 역사가 있어요. 그 역사 속 사람들을 알고 싶다면 《LIVE 세계사》를 읽어 보는 것은 어떨까요? 여러분이 꼭 알아 두면 좋을 인물을 중심으로 한 재미있는 만화를 읽을 수 있어요.

김현숙
서울 덕수중학교 교사

여러분이 친구들과 많은 것을 함께 나누는 것처럼 세계 여러 나라 사람들도 이웃 나라, 심지어 지구 반대편 먼 나라 사람들과 만나 많은 것을 주고받았어요. 그 결과물이 세계사이지요. 《LIVE 세계사》는 곳곳에 우리나라 이야기도 들어 있어 편하게 만날 수 있을 거예요.

이강무
서울 인창중학교 교사

《LIVE 세계사》는 세계 여러 나라의 역사를 중요 인물과 사건을 통해 살펴보고, 이와 관련된 주변 나라의 역사와 나아가 세계 역사 흐름을 살펴보려는 책입니다. 인물과 사건, 그리고 유적과 유물을 통해 세계는 연결되어 있고, 과거와 현재가 이어지고 있음을 알 수 있습니다.

황은희
서울 월천초등학교 교사

이 책의 특징

1 여행 지도

해당 나라의 지도와
함께 수도, 언어, 기후,
국기 등 기본 정보를
알아봅니다.

2 만화와 정보 박스

세계 역사 속 주요 인물을
재밌는 스토리와 함께
만화로 만나 봅니다.
정보 박스를 통해
놓치기 쉬운 학습 정보를
보충합니다.

3 세계사 들여다보기 세계사 넓게 보기 세계사 깊게 보기

해당 나라에 관련된
정보를 읽고,
그 시기에 주변 나라와
우리나라는 어떤 일이
있었는지 살펴봅니다.

람세스 2세 (?~?)

고대 이집트의 왕 중에서 가장 유명한 파라오가 바로 람세스 2세예요. 람세스 2세는 30세에 왕위에 올라 67년간 이집트를 다스렸는데, 활발한 전쟁을 벌여서 이집트의 영토를 리비아, 누비아, 팔레스타인까지 크게 넓혔어요. 또 북쪽의 강대국인 히타이트와 카데시에서 전투를 벌인 끝에 세계 최초의 평화 조약을 맺기도 했지요. 성경에 나오는 모세가 이집트를 탈출한 시기에 군림하던 왕으로 추측되기도 해요. 람세스 2세의 흔적은 이집트 곳곳에서 만날 수 있어요. 아부심벨 신전, 룩소르 신전 에 위풍당당한 모습이 남아 있답니다.

* 영화롭게 된 시기.
* 대에 남긴 물건.

는 왜 만들었을까?

고대 이집트인들은 사람이 죽으면 영혼이 육체에서 분리되었다가 다시 자기 육체로 찾아온다고 믿었어요. 다시 살아날 때를 대비해 영혼이 머물던 육체가 잘 보존되어야 한다고 생각했지요. 시신이 썩지 않게 하는 방법을 연구해 미라를 만들었어요. 전문적인 방부 처리사가 파라오(왕)뿐만 아니라 고양이, 새, 개와 같은 동물도 미라로 만들어 넣어요. 파라오가 죽으면 화려한 미라를 만들어서 거대한 피라미드 안에 모시고 장례를 치렀어요. 이 피라미드 안에는 미라와 지하 세계의 안내서로 알려진 '사자의 서', 음식, 옷 등의 부장품을 함께 넣었어요.

미라 만드는 과정

❶ 나일강 물로 시신을 씻은 다음 코를 통해 뇌를, 몸의 왼쪽 옆구리를 절개해 심장을 제외한 장기를 꺼낸다.

❷ 시신의 방부 처리를 위해 몸에 천연 탄산 소다(나트론)를 덮고 40일간 말리기를 기다린다.

4 놀이 퀴즈

미로 찾기, 가로세로
낱말 퀴즈, 사다리 타기 등
재밌는 퍼즐을 이용해
학습한 내용을
확인해 봅니다.

5 문제 퀴즈

세계사와 관련된 다양한
유형의 문제를 풀면서
학습한 내용을 점검하고
교과를 비롯한 여러 가지
시험에 대비합니다.

6 연표

인물과 사건을 중심으로
역사의 흐름을 이해하고
같은 시기에 우리나라와
다른 나라에서 일어난
사건과 비교해 봅니다.

이집트 

수도

카이로는 나일강 하류의 삼각주 남쪽 끝에 위치한 도시예요.
운하 교통의 요충지로, 이집트 유적이 많이 남아 있어요.

언어

아랍어를 공용어로 쓰며, 영어와 프랑스어도 많이 사용되고 있어요.

지리

아프리카 대륙 북동부에 위치해 있고, 위로는 지중해,
오른쪽으로는 홍해에 접해 있어요.
면적은 약 백만 제곱킬로미터로, 한반도의 약 4.5배예요.

기후

이집트 남부에 열대와 온대를 구분하는 북회귀선이 지나요.
북부 지중해 연안이 온대 기후에 속하고, 나일강 계곡과 지중해 연안의
해안 지방을 제외하면 전국이 대부분 건조한 사막 기후예요.

화폐

이집트 화폐 단위는 '이집트 파운드'로, 아랍어로는 '기니'라고 불러요.

종교

90퍼센트 이상의 국민이 '이슬람교'를 믿고, 나머지가 소수 종교를 믿어요.

산업

매년 천만 명 이상의 관광객 유치와 수에즈 운하의 화물선 통행 요금을 통해
외화를 벌어들이고 있어요. 최근 천연가스 산업, IT 분야의 성장률이 높아졌고,
농업에서는 면화와 밀, 쌀 등을 많이 생산해요.

세계 유산

이집트는 문명의 발상지로, 고대 유물과 유적이 많아요.
'고대 테베와 네크로폴리스', '역사 도시 카이로', '누비아 유적' 등
여섯 건의 문화유산과 '와디 알 히탄'의 자연 유산이 유네스코 세계 유산에
등재되어 있어요.

국기

빨간색은 '혁명', 흰색은 '미래'와 '희망',
검은색은 식민지 시대의 '암흑기'를 나타내요.
가운데 독수리는 십자군을 물리친
'살라딘'을 상징하며, 독수리 발톱 아래
'이집트 아랍 공화국'이라 쓰여 있어요.

지중해
알렉산드리아
포트사이드
수에즈
기자
카이로
멤피스
기자의 피라미드
나일강
홍해
사막 지대
왕가의 계곡과 핫셉수트 여왕 신전
룩소르
(테베)
아스완
나세르호
필레 신전
아부심벨 신전
아부심벨

등장인물

모모

이상한 나라의 도서관 사서.
논리적이지만 가끔
무모할 때가 있어요.

해리

이상한 나라의 정원사.
격투기에 뛰어나며,
힘이 아주 세요.

냥이
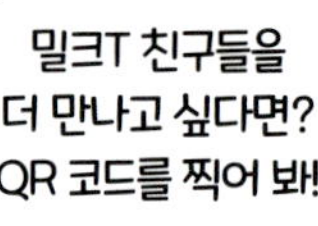

상상력이 풍부하고
자기만의 세계가 확실한
엔터테이너예요.

하트 공주

이상한 나라
하트 여왕의 외동딸.
자기만의 왕국을
세우려고 해요.

가로

하트 공주의 부하.
충성심으로 가득하지만
엉뚱한 행동으로 일을
그르치기도 해요.

세로

하트 공주의 부하.
공주의 말이라면 무조건
따르며, 눈치가 빨라
행동도 빨라요.

쿠푸왕

고대 이집트의 왕으로,
23년간 이집트를 평화롭게
다스렸어요. 이집트 기자에
대피라미드를 세웠어요.

람세스 2세

이집트 영토를 크게 넓혔고,
신전을 많이 세웠어요.
이집트 역사상 가장 위대한
왕으로 평가받아요.

살라딘

이집트 아이유브 왕조의 시조로,
1187년 십자군을 격파하고
예루살렘을 되찾았어요.
너그러운 성품으로 유명해요.

무함마드 알리

오스만 제국의 총독이자
이집트 마지막 왕조인
무함마드 알리 왕조의 창시자.
이집트의 근대화를 이끌었어요.

나세르

이집트의 군인이자 정치가.
1952년, 군사 쿠데타에 성공한 뒤
대통령이 되었어요.
수에즈 운하의 국유화를 선언했어요.

차례

이상한 나라 안내서
여기는 이상한 나라.
세상의 지식과 상상이 모여 만들어진 마법의 나라예요.
하트성
레스토랑
도서관
정원
음악관
인간, 동물, 요정, 마법사, 책 속의 인물 등 다양한 이들이 살고 있지요.

이상한 나라에서 가장 중요한 곳은 도서관이에요. 인간 세계와의 균형을 보여 주는
절대시계가 있거든요. 인간 세계가 흔들리면 여기도 무사하지 못해요.

도서관에 인간 세계로
넘어가는 시간의 문이
있다는 건 안 비밀!

껄
껄

이상한 나라는 항상 평화로워요.
가끔 하트성에 사는 공주가 말썽을 일으킬 때 빼고는요.

엄마, 미워!

너 사춘기니?

오늘은 어떤 하루가
시작될까요?

덜
덜
덜

할머니가 그리워

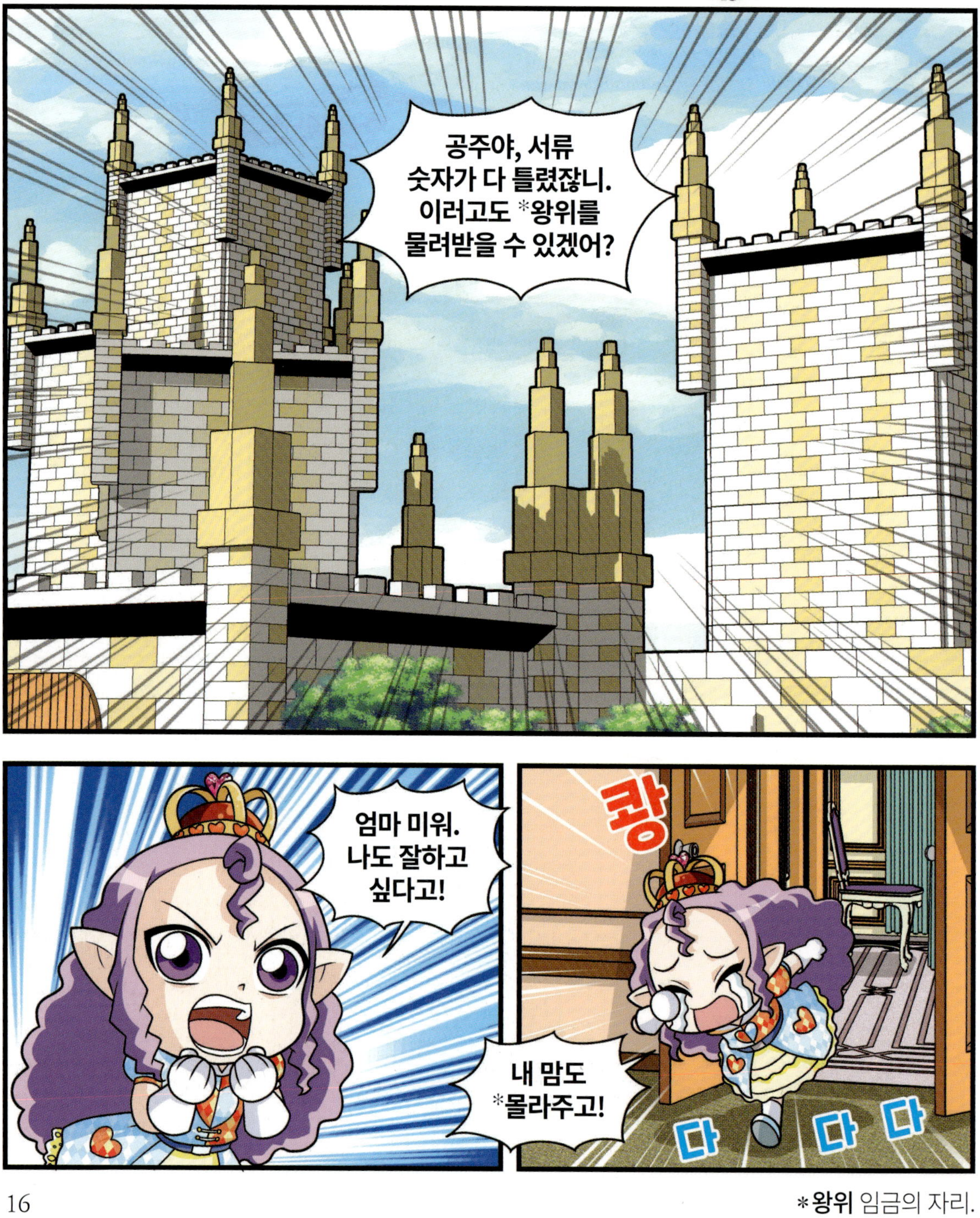

***왕위** 임금의 자리.
***몰라주다** 알아주지 아니함.

*뚝 계속되던 것이 갑자기 그치는 모양.
*편 여러 패로 나누었을 때 그 하나하나의 쪽.

*불러내다 불러서 밖으로 나오게 함.
*영원히 시간을 초월하여 변하지 않는 상태로.

*강력하다 힘이나 영향이 강함.
*생명 생물이 살 수 있도록 하는 힘.

가장 큰 피라미드를 세운 *파라오

*파라오 고대 이집트의 왕.

*거대하다 엄청나게 큼.
*나일강 아프리카 동북부를 흐르는 강으로, 길이 약 6,700킬로미터.

***척박하다** 땅이 기름지지 못하고 몹시 메마름.
***비옥하다** 땅이 걸고 기름짐.

가자!
냥이, 해리.
냥! 나도
가는 거였냥?
턱
파
앗
이집트로
출발!
웅
웅
웅
으아아아아!

***피라미드** 돌이나 벽돌을 쌓아 만든 사각뿔 모양의 거대한 건축물.

*다짜고짜 일의 앞뒤 사정을 알아보거나 이야기하지 않고 바로.
*혼쭐 사람의 몸 안에서 몸과 정신을 다스린다고 하는 '혼'을 강조하는 말.

***수풀** 나무나 풀이 빽빽하게 많이 나 있는 곳.
***사막** 비가 아주 적게 내려서 동식물이 거의 살지 않고 모래로 뒤덮인 땅.

***홍수** 비가 많이 내려서 갑자기 크게 불어난 강이나 개천의 물.
***본격적** 모습을 제대로 갖추고 적극적으로 이루어지는.

*어지럽다 주위의 모든 것들이 돌고 있는 듯한 느낌이 들어 몸을 바로잡을 수가 없음.

***졸지** 뜻밖에 갑작스러운 일이 벌어져 있는 상황이나 상태.
***축제** 어떤 것을 축하하기 위해 벌이는 큰 규모의 행사.

***풍년** 농사가 잘되어 다른 때보다 수확이 많은 해.
***범람하다** 강이나 개천 등의 물이 흘러넘침.

별과 태양이 동시에 뜨고, 두어 달이 지나면 넘쳐나는 나일강.
흙탕물은 생명의 물. 여기서 *풍요가 시작되네. 씨앗만 뿌리면 열매를 맺으리, *태양신께 감사하라.
나일강이면 제대로 찾아왔어. 이제 피라미드만 찾으면 된다!
우리 파라오께서는 영원한 신들의 나라로 가시네. 거대한 피라미드가 영원히 살게 하리니….
왜, 피라미드가 궁금해?
잠깐! 피라미드?
아….

*풍요 매우 많아서 넉넉함.
*태양신 태양이 종교적 숭배의 대상으로 신격화된 신.

***사후 세계** 죽은 뒤에 간다고 믿는 저승 세계.

***영생** 영원한 삶.

*부업 본래의 직업이 아닌, 돈을 벌기 위해 남는 시간에 하는 일.
*자재 어떤 것을 만들 때 필요한 기본적인 물건이나 재료.

***기자** 이집트 카이로 교외에 있는 도시로, 고대 유적이 많음.
***석회암** 동물의 뼈나 껍질이 쌓여서 생긴, 탄산 칼슘을 주성분으로 하는 퇴적암.

*광택 표면이 매끄러운 물체에서 반사되는 반짝이는 빛.
*노예 옛날에 물건처럼 사고팔리어 남이 시키는 대로 일을 하는 사람.

***장사** 몸집이 크고 힘이 아주 센 사람.
***알아주다** 다른 사람의 뛰어난 능력을 인정함.

*휴가 일정한 기간 동안 일터를 벗어나서 쉬는 일.
*노역 몹시 힘든 육체적 노동.

***품삯** 일을 한 대가로 주거나 받는 돈이나 물건.
***자존심** 남에게 굽히지 않으려고 하거나 스스로를 높이려는 마음.

***동원** 어떤 목적을 달성하기 위하여 사람이나 물건, 수단, 방법 따위를 한꺼번에 집중시킴.
***폭군** 포악하고 막된 임금.

***사료** 역사 연구에 필요한 문서나 기록, 조각 등과 같은 문헌이나 유물.
***파업** 하던 일을 도중에 그만둠.

*완성되다 완전하게 다 이루어짐.
*대접하다 상대방이 마땅히 받아야 할 만한 예로 대함.

쿠푸왕 (?~?)

이집트 고왕국 제4왕조(기원전 2575년경~기원전 2465년경)의 왕이에요. 23년간 이집트를 다스렸는데, 이때가 이집트 역사상 가장 평화로운 시기였다고 해요. 이집트 기자에 있는 가장 큰 피라미드를 세운 주인공으로 알려졌어요. 기자를 대표하는 3대 피라미드 중 쿠푸왕의 것이 제일 커서 '대피라미드'라고 불려요. 이집트 문명의 상징으로, 파라오의 위엄과 권력을 보여 주지요. 이 피라미드는 밑변 길이 230미터, 높이가 약 147미터로 45층 빌딩 높이예요. 2.5톤의 돌이 230만 개나 사용되었어요. 매년 천만 명이 넘는 관광객들이 기자의 피라미드를 보러 다녀간대요.

*규모 물건이나 현상의 크기나 범위.

*그자 그 사람.

*시찰 두루 돌아다니며 현장의 사정을 살핌.

43

*행차 지위가 높은 사람이 차리고 나서서 길을 감.
*위엄 존경할 만한 지위와 권세가 있어 엄숙한 태도나 분위기.

***호루스** 이집트 신화에 나오는 태양신.
***상서롭다** 복되고 좋은 일이 일어날 듯함.

그리고 파라오의 *미래에 관한 *예언도 있습니다.
하트 공주였어.
공주가 쿠푸왕을 가만둘 리 없지.
나의 미래?

이걸 타고 가서 막자!
스륵
공주님, 멈춰요!
드드 드 드

엥, 들켰구나. 얼른 서두르자.
파라오, 당신은 나와 함께
하트 왕국에 갈 것이다!
으아아!
쑤아 아 아

＊미래(46쪽) 앞으로 올 때.
＊예언(46쪽) 앞으로 다가올 일을 미리 알거나 짐작하여 말함.

미라는 왜 만들었을까?

고대 이집트인들은 사람이 죽으면 영혼이 육체에서 분리되었다가 다시 자기 육체로 찾아온다고
믿었어요. 다시 살아날 때를 대비해 영혼이 머물던 육체가 잘 보존되어야 한다고 생각했지요.
시신이 썩지 않게 하는 방법을 연구해 미라를 만들었답니다. 전문적인 방부 처리사가 파라오(왕)
뿐만 아니라 고양이, 새, 개와 같은 동물도 미라로 만들어 냈어요. 파라오가 죽으면 화려한
미라를 만들어서 거대한 피라미드 안에 모시고 장례를 치렀어요. 이 피라미드 안에는 미라와
지하 세계의 안내서로 알려진 '사자의 서', 음식, 옷 등의 부장품을 함께 넣었어요.

미라 만드는 과정

❶ 나일강 물로 시신을 씻은 다음
코를 통해 뇌를, 몸의 왼쪽 옆구리를
잘라 심장을 제외한 장기를 꺼낸다.

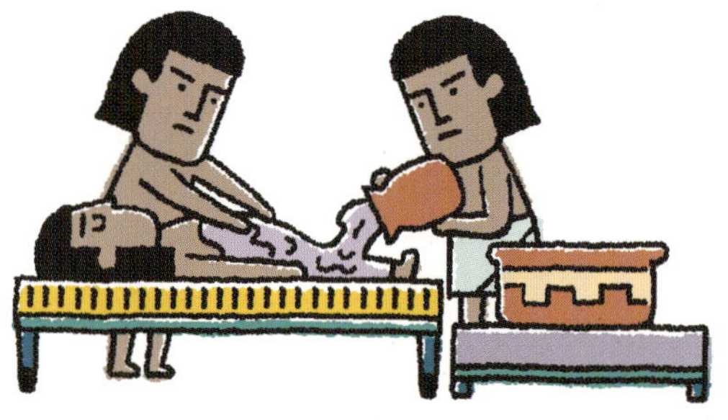

❷ 시신의 방부 처리를 위해
몸에 천연 탄산 소다(나트론)를 덮고
40일간 마르기를 기다린다.

❸ 완전히 마른 시신을 다시 나일강
물로 씻은 다음, 몸속에 톱밥 등을 넣고
기름을 발라 시신의 부식을 막는다.

❹ 아마포(리넨) 붕대로 시신을 감고,
사후 세계를 잘 여행할 수 있도록 돕는
의식을 치른다.

퀴즈 이집트에서 죽은 영혼이 다시 돌아올 때를 대비해 만들었던 것은?
① 소라　② 미라

스핑크스는 왜 만들었을까?

스핑크스는 지혜와 힘을 상징하는 수호신으로, 웅크린 사자의 몸에 사람의 머리를 하고 있어요. 고대 이집트에서는 피라미드와 더불어 왕의 권력을 보여 주는 대표적인 기념물이에요. 처음 막 만들어졌을 때의 스핑크스는 머리에 왕관을 쓰고, 이마에는 코브라가 조각되어 있었어요. 파라오처럼 독특한 턱수염도 있었지요. 기자 지구에 위치한 이집트 카프레왕의 피라미드 앞을 지키고 있는 스핑크스가 가장 크고 오래된 것으로 알려졌어요. 높이 20미터, 길이 73미터의 어마어마한 규모인데, 근처에 있던 큰 바위 언덕을 깎아서 만들었다고 해요.

카프레왕
이집트 제4왕조의
네 번째 파라오

퀴즈 피라미드 앞에 웅크리고 있는 지혜와 힘을 상징하는 수호신은?
① 해치　② 스핑크스

이집트 유물이 영국과 프랑스에 있는 이유

영국 대영 박물관, 프랑스 루브르 박물관에는 이집트 유물들이 빼곡하게 전시돼 있어요. 영국과
프랑스가 이집트를 침략하여 많은 문화유산을 약탈했기 때문이에요. 대영 박물관은 이집트뿐만
아니라 세계 각지에서 약탈한 유물을 800만 점이나 가지고 있어요. 그래서 "대영 박물관에
영국 것은 건물과 경비밖에 없다."는 말이 있을 정도예요. 프랑스 또한 다른 나라의 유물을
방대하게 소유하고 있어요. 이집트를 포함한 여러 나라들이 문화재를 반환하라고 요구하지만,
이들 나라들은 모르쇠로 일관하고 있어요. 여러분은 어떻게 생각하나요?

대영 박물관 람세스 2세 석상

루브르 박물관 대형 스핑크스

퀴즈 이집트 유물을 포함해 전 세계에서 약탈한 유물 800만 점을 소장하고 있는 박물관은?
① 루브르 박물관 ② 대영 박물관

동양의 피라미드라 불리는 장군총

'장군총'은 중국 지린성 지안현 용산 아래 있는 고구려 돌무지무덤이에요. 지린성은 고구려의 두 번째 수도 국내성이 있던 곳이지요. 장군총은 잘 다듬은 화강암을 7단으로 피라미드처럼 두르고 안은 강돌로 채워 만든 거대한 무덤이에요. 1층 한 변의 길이가 약 33미터, 높이가 약 13미터로, 아파트 5층 높이예요. 현재 고구려 돌무지무덤 중 가장 완벽한 형태를 유지하고 있어요. 중국에서도 볼 수 없는 독특한 양식으로, 장수왕의 무덤으로 추정하고 있어요.

장군총의 구조

위대한 파라오 람세스 2세

*길목 길에서 거쳐 지나가는 중요한 통로.

***강대국** 경제적으로나 군사적으로 힘이 세고 영토가 넓은 나라.
***석상** 돌로 조각하여 만든 사람이나 동물의 형상.

***전차** 전쟁할 때 쓰는 수레.
***막강하다** 더할 수 없이 셈.

***무엄하다** 삼가거나 어려워함이 없이 아주 무례함.
***진정하다** 몹시 흥분된 감정이나 아픔 등을 가라앉힘.

*원정 먼 곳으로 전쟁을 하러 나감.
*잠꼬대 잠을 자면서 자기도 모르게 하는 헛소리.

*평화 협정 군사적으로 대치하고 있는 나라나 지역에서 군사 행동을 중지하고 평화 상태를 회복하거나 우호 관계를 발전시키기 위하여 맺는 협정.

*무의미 아무 뜻이나 가치가 없음.
*탁월하다 남보다 훨씬 뛰어남.

*시시하다 별다르거나 중요하지 않고 하찮음.
*과격하다 지나칠 정도로 심하게 격렬함.

***아부심벨 신전** 이집트 나일강 서쪽 기슭에 사암 절벽을 깎아 만든 암굴 신전.

람세스 2세 (?~?)

고대 이집트의 왕 중에서 가장 유명한 파라오가 바로 람세스 2세예요. 람세스 2세는 30세에 왕위에 올라 67년간 이집트를 다스렸는데, 활발한 전쟁을 벌여서 이집트의 영토를 리비아, 누비아, 팔레스타인까지 크게 넓혔어요. 또 북쪽의 강대국인 히타이트와 카데시에서 전투를 벌인 끝에 세계 최초의 평화 조약을 맺기도 했지요. 성경에 나오는 모세가 이집트를 탈출한 시기에 군림하던 왕으로 추측되기도 해요. 람세스 2세의 흔적은 이집트 곳곳에서 만날 수 있어요. 아부심벨 신전, 룩소르 신전 등에 위풍당당한 모습이 남아 있답니다.

*번영기 번성하고 영화롭게 된 시기.
*유물 선대의 인류가 후대에 남긴 물건.

*이미 다 끝나거나 지난 일을 이를 때 쓰는 말.

***통치자** 나라나 지역을 맡아 다스리는 사람.
***복장** 옷을 입은 모양.

*부분 전체를 여러 개로 나눈 것 가운데 하나.

*__선대왕__ 죽은 그전의 왕을 높여 이르는 말.
*__시정__ 잘못된 것을 바르게 고침.

*후대 뒤에 오는 세대나 시대.
*조각가 조각을 전문으로 하는 사람.

***그대** 듣는 이가 친구나 아랫사람일 때 그 사람을 높여 부르는 이인칭 대명사.

***고하다** 어떤 사실을 알리거나 말함.
***늠름하다** 생김새나 태도가 씩씩하고 당당함.

***지혜롭다** 사물의 이치를 빨리 깨닫고 옳고 그름을 잘 이해하여 처리하는 능력이 있음.
***간식** 식사와 식사 사이에 간단히 먹는 음식.

***비롯되다** 처음으로 시작됨.
***황공하다** 높은 사람의 위엄이나 지위 등에 눌려 두려움.

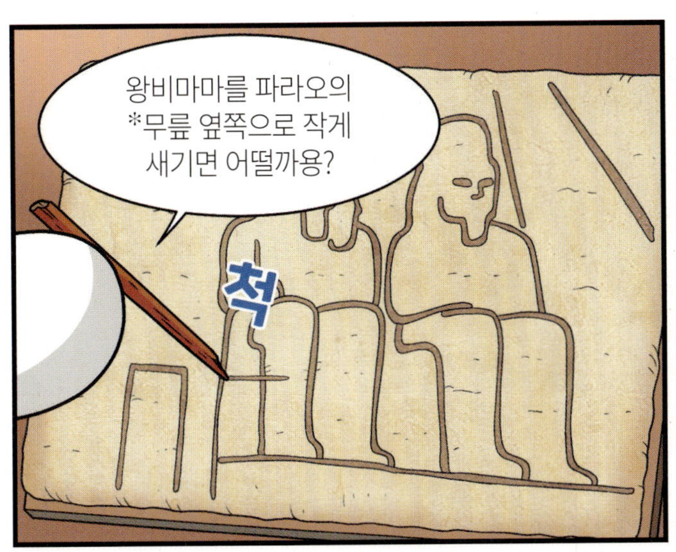

***계획** 앞으로의 일을 자세히 생각하여 정함.
***무릎** 허벅지와 종아리 사이에 앞쪽으로 둥글게 튀어나온 부분.

*성심성의껏 정성스러운 마음과 뜻을 다하여.
*진작 조금 더 먼저.

***소원** 어떤 일이 이루어지기를 바라는 그 일.
***강건히** 윗사람이 탈이 없고 튼튼한 기력으로.

***노리다** 사람을 해치거나 물건을 뺏기 위한 나쁜 목적을 갖고 기회를 엿봄.
***유사시** 급하거나 비상한 일이 일어날 때.

*대체 다른 말은 그만두고 요점만 말하면.

76

*꼼짝 몸을 느리게 조금 움직이는 모양.
*필요 꼭 있어야 함.

*방해하다 일이 제대로 되지 못하도록 간섭하고 막음.
*날렵하다 가볍고 재빠름.

***본때** 본보기가 되거나 내세울 만한 것.

***감히** 두려움이나 송구함을 무릅쓰고.
***당장** 눈앞에 닥친 현재의 이 시간.

*늘다 수나 분량 따위가 본디보다 많아짐.

*줄행랑치다 피하여 달아남.
*영웅 재주와 용기가 특별히 뛰어나 보통 사람이 하기 어려운 일을 하는 사람.

*쫓아가다 어떤 사람의 뒤를 급히 따라감.
*갑자기 미처 생각할 틈도 없이 빨리.

***사특하다** 요사스럽고 간사함.
***처단하다** 결단을 내려 처치함.

인류 역사상 최초의 평화 협정

미국 뉴욕의 유엔(UN) 본부에는 점토판에 새겨진 '카데시 협정'의 복사본이 걸려 있어요.
이집트와 히타이트 간에 체결한 이 협정은 인류 최초의 평화 협정으로, 유엔 본부에서 국가 간
평화 공존의 상징으로 걸어 놓은 거예요. 기원전 1274년, 전략적 요충지인 시리아를 두고
람세스 2세가 이끄는 이집트군과 철기를 지닌 히타이트 제국이 카데시에서 전투를 벌였어요.
양쪽은 서로를 물리치지 못한 채 10여 년간 전쟁을 벌이다가 마침내 평화 조약을 체결했어요.

← 카데시 평화 협정문이 새겨진 점토판
원본은 이스탄불 고고학 박물관에 전시되어 있어요.

"이제부터 영원토록, 평화와 우정이 함께할 것이다.
…… 이 협약에 따라, 이집트의 위대한 왕과 하티의
위대한 왕자는 이제부터 서로를 적대시하지 않을 것을
신들께 맹세한다.
…… 하티의 위대한 왕자는 영원히 이집트의 땅을
침략하지 않으리라.
이집트의 위대한 왕은 영원히 하티의 땅을 침략하지
않으리라."

람세스 2세가 세운 아부심벨 신전

이집트 남쪽, 누비아 지역의 나일강이 내려다보이는 언덕에 위치한 아부심벨 신전은 람세스 2세가
나라를 지키기 위해 지은 신전이에요. 바위산을 파서 지은 이 신전에는 람세스 2세의 거대한 좌상
네 개와 벽화들이 보존되어 있어요. 1960년대 초반, 나일강 아스완 하이 댐 건설 당시 물에 잠길
위기에 놓였지만, 유네스코와 세계 50여 개국의 경제적 원조와 기술 지원으로 원래 높이보다
65미터 높은 곳에 이전하게 됐어요. 아부심벨 신전은 1979년, 유네스코 세계 유산에 등재되었어요.

퀴즈 람세스 2세가 바위산을 파서 만든 누비아 지방에 있는 신전은?
① 아부심벨 신전 ② 아부심바 신전

모세의 출애굽기

애니메이션 <이집트 왕자>는 크리스트교 성경에 나오는 '출애굽기'를 바탕으로 만들어진
작품이에요. 출애굽기의 '출(出)'은 탈출을, '애굽(埃及)'은 이집트의 한자 표현으로, '이집트 탈출기'
라는 뜻이에요. 그 내용은 기원전 1300년경 신의 선택을 받은 모세가 400여 년 동안 이집트 땅에서
노예의 삶을 살아오던 이스라엘 백성을 탈출시켜, 약속의 땅 가나안(지금의 팔레스타인)으로
향한다는 이야기예요. 이때 이집트를 다스리던 왕은 람세스 2세일 거라 추측하고 있어요.
출애굽기는 이스라엘 민족에게 처음으로 국가를 시작하는 중요한 의미를 가지는 사건이에요.

⬆ 홍해의 기적
모세와 이스라엘 백성 앞에 홍해가 가로막히자, 신이 바다를 갈라 길을 만들어 주어
무사히 탈출할 수 있었어요. '모세의 기적'이라고도 해요.

퀴즈 모세와 이스라엘 백성이 이집트를 탈출하는 과정을 그린 성경의 기록은?
　① 출애굽기　② 창세기

라메세움 복원 사업을 맡은 한국 문화재청

유네스코 세계 유산인 '라메세움'은 나일강 서쪽의 테베에 있으며, 룩소르 건너편에 위치해 있어요.
1829년 프랑스의 이집트 학자 샹폴리옹에 의해 '룩소르 라메세움'이란 이름이 붙여졌어요.
신전은 람세스 2세가 자신의 치적을 자랑하기 위해 20여 년간 건설했으며, 현재는 신전 터,
왕과 신들의 석상들이 무너진 채 일부만 남아 있어요. 2023년부터 우리나라 문화재청은 신전
탑문 복원 사업과 이집트 문화유산 디지털화 사업에 참여할 예정이에요. 한국의 건축물 보존과
복원 기술 그리고 최첨단 정보 통신 기술(ICT)은 세계적으로 인정받고 있답니다.

퀴즈 한국 문화재청이 복원에 참여하기로 한 이집트 유적은?
① 카르나크   ② 라메세움

이집트 *관용의 *상징 살라딘

*관용 다른 사람의 잘못을 너그러이 받아들이거나 용서함.
*상징 추상적인 사물이나 개념을 구체적인 사물로 나타냄.

***모스크** 이슬람교에서 예배하는 건물을 이르는 말.
***아랍** 아시아 서남부 페르시아만, 인도양, 아덴만, 홍해에 둘러싸여 있는 지역.

***신왕국 시대** 고대 이집트 역사에서 기원전 16세기부터 기원전 11세기까지의 시기.
***아마** 짐작하거나 생각해 볼 때 그럴 가능성이 크게.

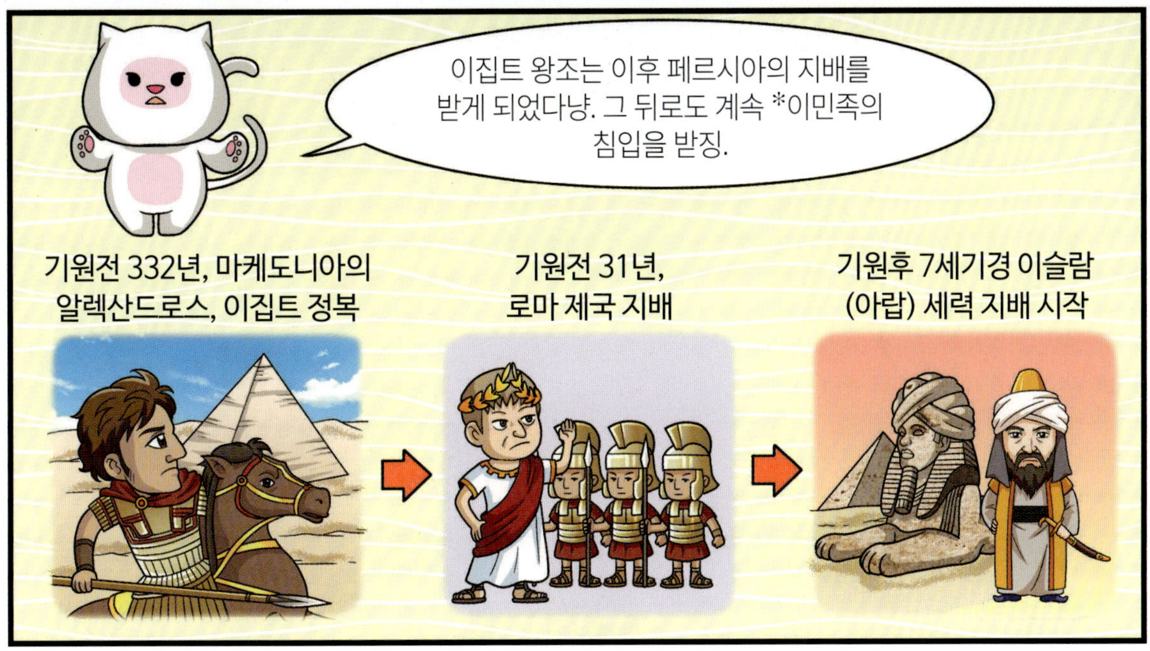

*이민족 언어나 풍습 등이 다른 민족.
*희미하다 분명하지 못하고 흐릿함.

*포부 마음속에 가지고 있는 미래에 대한 계획이나 희망.
*카리스마 많은 사람을 이끌어 따르게 하는 능력.

* **코샤리** 찐 쌀과 마카로니, 콩 위에 마늘과 양파를 올리고, 토마토소스로 간을 해 먹는 음식.
* **따미야** 이집트의 주식인 에이시(빵)에 속을 넣어 먹는 음식으로, 크로켓과 비슷함.

***쿠란** 무함마드가 알라로부터 받은 계시를 적은 이슬람교의 경전.
***기하학** 점, 선, 면, 입체의 모양이나 크기, 위치 등에 대하여 연구하는 학문.

*해부학 인체나 생물의 내부 구조를 연구하는 학문.
*명의 병을 잘 고쳐 이름난 의사.

***상당히** 어지간히 많이.
***과거** 이미 지나간 때.

살라딘 (1137년 또는 1138년~1193년)

살라딘은 포용과 관용을 상징하는 인물이에요. 살라딘의 원래 이름은 '신의 영광'이라는 의미인 '살라흐 앗 딘 유수프 이븐 아이유브'예요. 줄여서 살라딘이라고 불리게 되었지요. 1174년 이집트의 파티마 왕조를 무너뜨리고 술탄(왕)의 자리에 올랐어요. 그리고 민족과 종교로 분열돼 있던 아랍 세계를 통일했어요. 특히 성지 예루살렘을 되찾았을 때 이슬람교도들을 죽였던 십자군과 달리, 살라딘은 약탈과 살육, 방화를 엄격히 금했어요. 그런 까닭으로 오늘날까지도 이슬람의 영웅을 넘어 적대국이었던 유럽인에게도 오랜 세월에 걸쳐 기억되고 존경받고 있어요.

*쿠르드족 쿠르디스탄 지방에 사는 유목 민족.

***탈환** 빼앗겼던 것을 도로 빼앗아 찾음.
***성지** 특정 종교에서 신성시하는 장소.

*__장기전__ 오랜 기간 동안 싸우는 전쟁이나 경기.
*__갈증__ 목이 말라 물이 마시고 싶어지는 느낌.

***성품** 사람의 성질이나 됨됨이.
***입성** 성안으로 들어감.

***용맹하다** 용감하고 날래며 기운참.
***베풀다** 다른 사람에게 도움을 주어 혜택을 받게 함.

***분명하다** 어떠한 사실이 틀림없고 확실함.
***궁전** 한 나라의 왕이 사는 집.

*적수 재주나 힘이 비슷해서 맞서 겨룰 만한 상대.
*진격 공격하기 위해 앞으로 나아감.

103

*장수 군사들을 이끄는 우두머리.
*조사하다 어떤 일의 내용을 알기 위해 자세히 살펴보거나 찾아봄.

***지휘자** 목적을 효과적으로 이루기 위해 단체의 행동을 다스리는 사람.
***기념품** 기념으로 주거나 사는 물건.

＊**걸리적거리다** 성가시고 귀찮게 자꾸 거슬리거나 방해가 됨.
＊**막사** 군인들이 임시로 머무를 수 있도록 지은 건물.

***심지어** 더 심하다 못해 나중에는.
***명마** 매우 우수한 말.

*품위 사람이 갖추어야 할 위엄이나 기품.
*아량 너그러운 마음씨.

***순례** 종교가 처음 일어난 곳이나 성인의 무덤 등을 찾아다니며 참배함.
***허락하다** 요청하는 일을 하도록 들어줌.

***민간인** 관리나 군인이 아닌 일반인.
***들키다** 숨기려던 것을 남이 알게 됨.

*첩자 다른 나라나 단체의 비밀스러운 정보를 알아내 자기네 편에 넘겨주는 일을 하는 사람.

***무장** 전쟁이나 전투를 하기 위한 장비 등을 갖춤.
***외지다** 혼자 따로 떨어져 있어 조용하고 으슥함.

*위험하다 해를 입거나 다칠 가능성이 있어 안전하지 못함.

*침입자 남의 땅이나 나라, 재산 등을 범하여 들어가거나 들어온 사람.
*서두르다 일을 예정보다 빨리 하려고 바쁘게 움직임.

*소란 시끄럽고 정신없게 복잡함.

흐흐, 늦었어.
그러게 좀 일찍 오지
그랬어.
휙
화
악
팔
랑
살라딘 니임!
살라딘
탁
호호호,
납치 성공!
살라딘

***달아나다** 어떠한 곳을 벗어나 도망감.

십자군으로부터 예루살렘을 되찾다

11세기 말, 이슬람 세력이 예루살렘을 점령하고 비잔티움 제국을 위협했어요. 이에 로마 교황의 주도로 약 200여 년간 수차례 성지 회복을 위한 전쟁을 벌였어요. 이를 '십자군 전쟁'이라 하는데, 십자가가 새겨진 옷을 입은 군사들이 일으켰다고 해서 붙여진 이름이에요. 제1차 십자군 원정 때 십자군은 예루살렘을 함락하고 왕국을 세웠어요. 하지만 이슬람 세계를 통합한 살라딘이 1187년에 예루살렘을 되찾았어요. 살라딘은 살인과 파괴를 금지했어요. 제1차 원정 때 십자군이 이슬람교도들을 닥치는 대로 죽였던 것과 달랐어요. 이후 십자군 원정은 전쟁이 끝날 때까지 계속 실패했어요.

← 성지 예루살렘
예루살렘은 크리스트교의 성지일 뿐만 아니라, 유대교와 이슬람교의 성지기도 해요. 이슬람교에서 예루살렘은 메카와 메디나 다음가는 성지랍니다.

살라딘에게 항복하는 예루살렘 왕국의 군주 기 드 뤼지냥

퀴즈 크리스트교도들이 예루살렘을 되찾기 위해 일으킨 전쟁은?
① 십자군 전쟁 ② 백 년 전쟁

살라딘과 리처드 1세

제3차 십자군 전쟁은 가장 치열하고 규모가 컸어요. 용맹하기로 소문난 영국의 사자심왕 리처드 1세와 살라딘과의 불꽃 튀는 대결이었어요. 비록 종교가 다르다는 이유로 서로를 향해 칼을 겨누었지만, 둘은 상대방을 존중하고 배려했어요. 리처드 1세가 열병을 앓고 있다는 소식에 살라딘은 과일과 얼음을 보내 위로했어요. 또 리처드 1세가 전투 도중 말에서 떨어져 싸우자, 체통에 어울리게 말에 올라 싸우라며 명마를 선물했다고 해요. 치열했던 전쟁은 1192년, 일 년여의 협상 끝에 휴전 협정을 맺으며 제3차 십자군 원정이 종료되었어요.

제1차 십자군의 예루살렘 만행

십자가를 가슴에 단 십자군은 신의 이름을 내건 '성스러운 전쟁'에 나섰어요. 그리고 1099년 제1차 원정에서 예루살렘 정복에 성공했어요. 사흘간의 학살과 약탈로 예루살렘은 피바다가 되어 무릎까지 피가 차올랐다는 기록이 전해지고 있어요. 종교의 이름으로 치러진 십자군 전쟁은 성전이 아니라, 잔인하고 섬뜩한 학살이자 원정에 참가한 십자군들의 욕심을 채우는 약탈전이었어요. 지난 2000년 3월 12일, 로마 교황은 과거 천 년간 로마 교회가 잘못한 일을 공식으로 사과했어요. 그중에는 십자군 전쟁도 있었답니다.

포용의 리더십을 보여 준 왕건

천 년 전 한반도에서는 후백제의 견훤과 고려의 왕건이 치열하게 싸우고 있었어요. 이때 신라의 경순왕은 유구한 역사를 간직한 신라를 왕건에게 바치며 고려의 신하가 되고자 했어요. 왕건은 경순왕을 받아들여 극진히 대접했어요. 이전에 신라를 침략한 견훤이 왕을 죽이고 왕비를 굴욕하는 등 신라인들에게 씻을 수 없는 상처를 준 것과는 다른 모습이었지요. 덕과 인내심을 갖춘 왕건이 최후의 승자가 된 데는 이유가 있었답니다.

왕건의 포용 정책

퀴즈 후삼국을 통일하고 고려를 건국한 왕은?
① 왕건　② 이성계

*근대화를 *주도한 무함마드 알리

*근대화 사회와 문화 등이 근대의 특성을 받아들여 발전됨.
*주도하다 중심이 되어 어떤 일을 이끎.

***룩소르 신전** 이집트 룩소르에 있는 고대 이집트의 주신 아몬의 신전.
***기념비** 어떤 뜻깊은 일이나 훌륭한 인물의 업적을 기념하기 위해 세운 비석.

*문화재 문화적 가치가 뛰어나서 법으로 보호를 받는 유물 및 유적.
*정의 진리에 맞는 올바른 도리.

*약탈하다 폭력을 사용해 남의 것을 빼앗음.
*총독 정치, 경제, 군사의 모든 통치권을 가지고 다스리는, 식민지 통치 기구의 우두머리.

*문제 귀찮은 일이나 말썽.
*자국 자기 나라.

***오해** 어떤 것을 잘못 알거나 잘못 해석함.
***욱하다** 흥분한 마음이 갑자기 일어남.

*고고학자 옛 물건과 유적으로 옛사람의 생활이나 문화 등을 연구하는 사람.
*무자비하다 동정심이나 인정이 없어 마음씨가 몹시 쌀쌀하고 모짐.

***분란** 문제가 생겨서 시끄럽게 다투거나 떠들썩함.
***잔당** 쳐 없애고 남은 무리.

***관리** 시설이나 건물을 유지하거나 개량하는 일을 맡아 함.
***열강** 국제적인 영향력이나 세력이 강한 여러 나라.

*화친 나라와 나라 사이에 싸움이 없이 서로 가까이 지냄.
*기증 남을 위하여 자신의 물품이나 재산, 장기 등을 대가 없이 줌.

무함마드 알리 (1769년~1849년)

무함마드 알리는 이집트 독립과 근대화를 이끈 아버지로 불려요. 오스만 제국의 군인 출신으로, 이집트 총독으로 임명돼 이집트를 다스렸어요. 무함마드 알리는 그동안 낙후되어 있던 이집트에 대대적인 개혁을 추진했어요. 서양 문물을 받아들여 군대를 개혁하고, 공장을 세웠으며 농업 관개 시설을 확충하는 등 산업 발전에 노력했지요. 이집트는 그리스 독립 전쟁 때 오스만 제국을 지원했는데, 이를 계기로 술탄으로부터 공식 독립을 인정받았어요. 무함마드 알리에서 시작된 왕조는 1952년까지 147년간 13대를 이어 갔어요.

*업무 직장 등에서 맡아서 하는 일.
*보고 일에 관한 내용이나 결과를 글이나 말로 알림.

***엄수하다** 명령이나 약속 따위를 어김없이 지킴.
***번역** 말이나 글을 다른 언어의 말이나 글로 바꾸어 옮김.

***제도** 관습, 도덕, 법률 등의 규범이나 사회 구조의 체계.
***개선하다** 부족한 점, 잘못된 점, 나쁜 점 등을 고쳐서 더 좋아지게 함.

***악당** 남에게 해를 끼치는 나쁜 행동을 하는 무리.
***대비** 앞으로 일어날 상황에 대해 미리 준비함.

＊**카이로** 이집트의 수도.
＊**독립하다** 한 나라가 완전한 주권을 가짐.

***살라딘 성채** 이집트 카이로에 있는 중세 시대 이슬람식 성과 요새. 카이로 성채.
***사원** 종교적 모임을 위한 장소.

***주문하다** 물건 만드는 사람에게 종류, 수량, 모양 등을 말해서 그렇게 만들어 달라고 부탁함.
***현명하다** 마음이 너그럽고 슬기로우며, 일의 이치에 밝음.

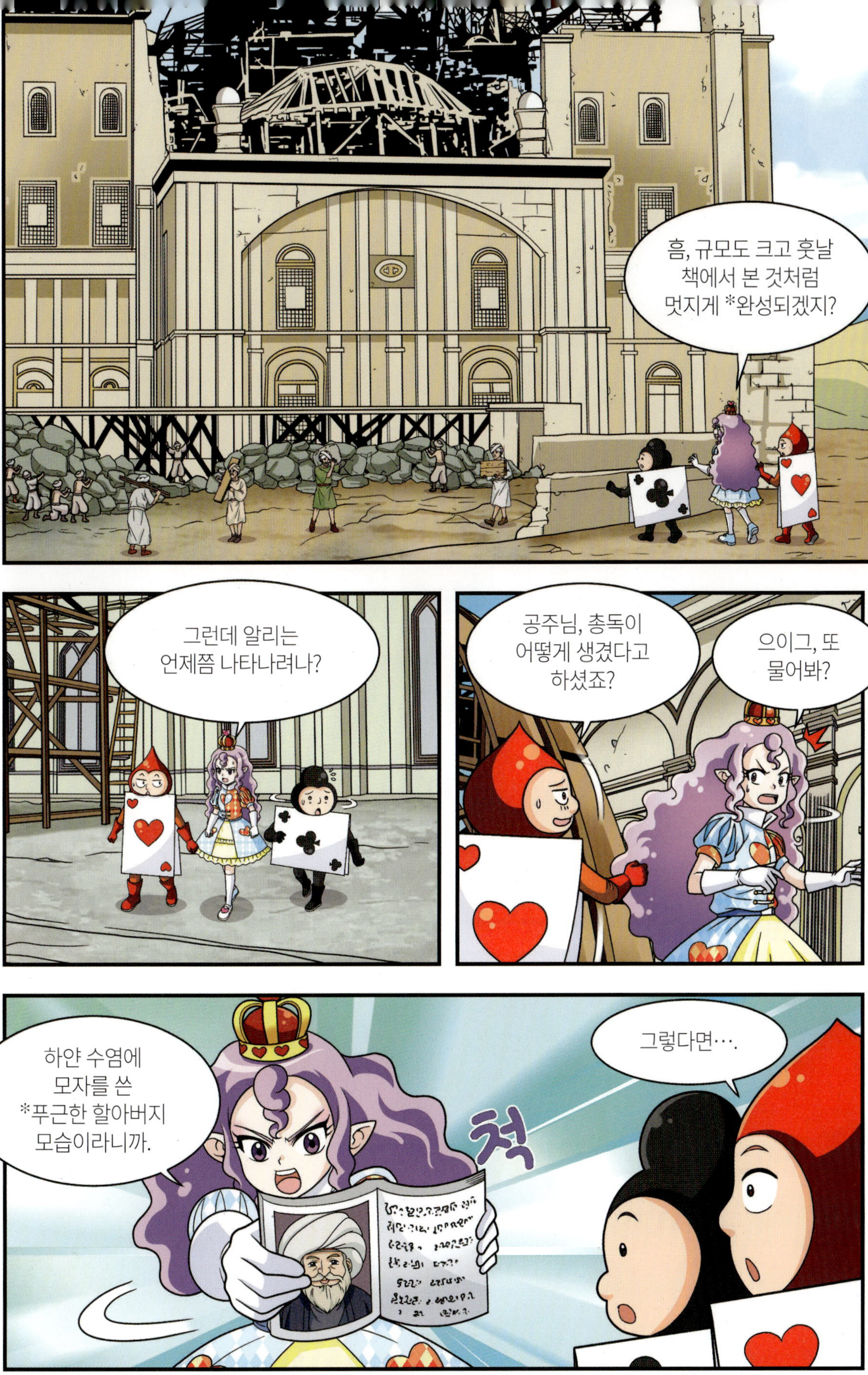

*완성되다 완전하게 다 이루어짐.
*푸근하다 느낌이나 분위기가 부드럽고 따뜻하여 편안함.

139

찾았습니다!
저 사람이에요.
척

저쪽이에요,
공주님!
엥?
척

공주님,
저기도
보이는데요.
뭐?
척

저쪽에도!
잉?

저기도 여기도
거기도…, *곳곳에
있어요.
이럴 수가!

*곳곳 이곳저곳.

*당하다 해를 입거나 놀림을 받음.
*풀어놓다 어떤 목적을 이루려고 사람을 널리 동원함.

* **포기하다** 하려던 일이나 생각을 중간에 그만둠.
* **강국** 국제적으로 어떤 분야에서 큰 힘을 가진 나라.

*반사 빛이나 전파 등이 다른 물체의 표면에 부딪혀서 나아가던 방향이
반대 방향으로 바뀌는 현상.

*용서하다 잘못이나 죄에 대하여 꾸중을 하거나 벌을 주지 않고 너그럽게 덮어 줌.

***타박상** 단단한 물건에 맞거나 부딪쳐서 생긴 상처.
***무사하다** 아무런 문제나 어려움 없이 편안함.

***모험** 힘들거나 위험할 줄 알면서도 어떤 일을 함.
***여전히** 전과 똑같이.

***경계** 서로 다른 두 지역이나 사물이 구분되는 지점.
***항로** 배가 바다 위에서 지나다니는 길.

*진정 거짓이 없는 진실한 마음.
*날카롭다 끝이 가늘어져 뾰족하거나 날이 서 있음.

*관련하다 둘 이상의 사람, 사물, 현상 등이 서로 영향을 주고받도록 관계를 맺고 있음.
*끄떡없다 어떤 어려운 일이 있어도 흔들리지 않고 그대로임.

맘루크를 무너뜨린 무함마드 알리

살라딘이 죽은 뒤 이집트 사람들은 오랫동안 맘루크의 지배를 받았어요. 맘루크는 1517년 오스만 제국에게 패했지만, 여전히 이집트를 지배하고 있었어요. 1804년, 이집트인들은 맘루크 정권을 무너뜨리고, 오스만 제국의 총독에게 세금을 줄이고 나랏일에 참여시켜 달라고 요구했어요. 하지만 총독이 거부했고, 분노한 이집트인들은 총독을 몰아냈어요. 그러고는 이집트에 파견돼 나폴레옹의 군대와 싸워서 민심을 얻은 오스만 제국의 무함마드 알리를 새로운 총독으로 추대했어요. 오스만 제국은 할 수 없이 무함마드 알리를 인정할 수밖에 없었어요.

← 무함마드 알리 모스크

1824년 착공해서 무함마드 알리의 아들인 사이드 파샤 시대에 완공되었어요. 이집트 카이로 성채에 있어요. 연필 모양의 뾰족한 두 개의 첨탑이 특징이에요.

무함마드 알리의 개혁 정책

총독이 된 무함마드 알리는 새로운 이집트를 건설하기 위해 과감한 개혁을 추진했어요.
먼저 이집트를 지배했던 맘루크들이 가지고 있던 토지를 빼앗고, 국가 산업을 일으켜 재정을
늘려 나갔어요. 또 외국인 기술자를 뽑아서 댐과 운하, 도로, 항구 등 국가 중요 시설을 건설했어요.
학교를 세워 근대 교육을 하고, 우수한 학생들을 유럽으로 보내 새로운 문물과 지식을 배우고
돌아오게 했어요. 또 유럽식 군사 훈련을 받은 육군과 해군을 새롭게 창설해서 국방력을 강화했어요.

나폴레옹의 이집트 침략과 로제타석

1798년 프랑스는 오스만 제국의 지배를 받고 있던 이집트를 침략했어요. 지중해와 홍해를 잇는 무역로를 장악하고, 당시 라이벌 관계에 있던 영국을 견제하기 위해 이집트를 침략한 거예요. 나폴레옹이 이끄는 프랑스군은 이집트의 수도 카이로를 점령했어요. 하지만 영국군의 공격과 오스만 제국의 반격, 이집트인들의 저항으로 결국 이집트에서 물러날 수밖에 없었어요. 당시 무함마드 알리가 오스만 제국의 원정군으로 참가해 큰 공을 세워 이집트 국민에게 신뢰를 얻었답니다.

나폴레옹
프랑스 군인이자 제1제국 황제.

↑ **로제타석**

1799년, 나폴레옹 군대는 나일강 근처 로제타 마을에서 고대 이집트 글자가 새겨진 '로제타석'을 발견했어요. 비석에는 프톨레마이오스 5세의 업적을 기리는 글이 신성 문자, 민중 문자, 그리스 문자 세 가지로 쓰여 있어요. 1822년 프랑스 언어학자 샹폴리옹이 그 뜻을 밝혀냈지만, 비석은 영국군의 손에 들어가 현재 대영 박물관에 소장돼 있어요.

퀴즈 프톨레마이오스 5세의 업적이 새겨진 고대 이집트의 비석은?
① 로제타석 ② 단양 적성비

근대화의 상징, 전차

1899년 5월 4일, 우리나라 최초의 전차 개통식이 열렸어요. 동대문 밖 청량리에서 종로를 거쳐
돈의문(서대문) 밖 경교로 이어지는 노선이었지요. 전차가 너무 신기해 지방에서 올라와 탄
사람들 중에는 한번 타고 내리지 않는 사람도 있었어요. 이 놀라운 근대 문물의 상징인 전차는
이렇게 우리 생활에 들어왔어요. 전기로 움직이는 전차를 시작으로 일상생활이 바뀌었어요.
종로를 비롯한 대로변에는 가로등이 등장했고, 전화와 전등 그리고 선풍기와 같은 문명의
발명품들을 접하게 되었어요.

퀴즈 우리나라 최초의 전차가 개통된 해는?
① 1999년   ② 1899년

*제3 세계를 이끈 나세르

***제3 세계** 제2차 세계 대전 이후 아시아·아프리카·라틴 아메리카의 개발 도상국을 이르는 말.

각하, 저기 누가 빠진 것 같습니다.
저런, 어서 구조를 해야겠군!
사람 살려!
냥이도!

이걸 잡고 올라오거라.
휙
감사합니다.

괜찮니? 너흰 우리 나세르 대통령 아니었으면 죽은 목숨이었다.
나세르… 대통령요?

그래, 이분이 나세르 대통령이시다.
이집트 대통령을 여기서 만나다니….
근데 이집트가 언젠부터 대통령제를 실시한 거예요?
흠흠!

나세르 (1918년~1970년)

나세르가 어렸을 때 이집트는 독립국이 되었으나 여전히 영국의 영향 아래 있었어요. 나세르는 자라면서 영국에 대한 저항과 정치 개혁에 관심을 가졌어요. 육군 사관 학교를 졸업하고 나서 젊은 장교들을 모아 '자유 장교단'이라는 비밀 조직을 만들었어요. 그리고 1952년, 군사 쿠데타를 일으켜 왕조 체제를 무너뜨렸어요. 이후 대통령에 당선된 나세르는 수에즈 운하를 국유화시키고, 아랍 민족주의를 강조해 이집트와 아랍 세계에서 상징적인 인물이 되었어요. 하지만 쿠데타를 일으키고 권력을 휘두른 독재자라는 평가를 동시에 받고 있어요.

*쿠데타 군사적 힘을 동원하여 정권을 빼앗으려고 갑자기 벌이는 행동.
*반대파 어떤 의견이나 행동 등에 반대하는 무리.

왕은 돈을 싸 들고 외국으로 망명했고, 왕을 호위하던 군사들은 제대시키는 정도로 평화롭게 마무리됐단다.
아하~, 그렇군요!

근데 보아하니, 관광객 같은데 수에즈 운하에는 왜 빠진 거냐?

여기가 수에즈 운하예요?
헉!
대통령을 만난 것보다 더 놀라다니.

이곳이 우리가 얘기했던 그 유명한 수에즈 운하래.
과연 세계 각국 화물선들이 활발하게 다니고 있구냥!

*무역 서로 사고팔거나 교환함.

***지분** 여러 사람들이 공동으로 소유한 물건이나 재산에서, 소유자들이 각자 가지는 몫.
***압력** 권력이나 세력에 의하여 타인을 자기 의지에 따르게 하는 힘.

***자금** 사업을 하는 데에 쓰는 돈.
***완충국** 강대국 사이에 위치하여 그 나라들 사이의 충돌 위험을 완화하는 역할을 하는 나라.

*밀어붙이다 한쪽으로 세게 밈.
*연설 여러 사람 앞에서 자기의 주장 또는 의견을 진술함.

*희생 어떤 사람이나 목적을 위해 자신의 목숨, 명예, 이익 등을 바치거나 버림.
*부당하다 도리에 어긋나서 정당하지 않음.

*수익 이익을 거두어들임.
*용기 씩씩하고 굳센 기운.

*충격 뜻밖의 사건으로 마음에 받은 심한 자극이나 영향.
*폭탄선언 어떤 상황을 갑작스럽게 바꿀 수 있을 정도로 충격적이고 중요한 선언.

*뒤통수 머리의 뒷부분.
*비위 어떤 것을 좋아하거나 싫어하는 기분.

*뜬금없이 갑작스럽고도 엉뚱하게.
*선제공격 상대편을 견제하거나 제압하기 위해 선수를 쳐서 공격하는 일.

***비밀리** 남에게 비밀로 하는 가운데.
***회담** 어떤 문제를 가지고 거기에 관련된 사람들이 모여서 토의함.

*반납 빌린 것이나 받은 것을 도로 돌려줌.
*기어이 어떠한 일이 있더라도 반드시.

***담판** 서로 맞선 관계에 있는 쌍방이 의논하여 옳고 그름을 판단함.
***시점** 어떠한 것이 처음으로 일어나거나 시작되는 곳.

***제대로** 알맞은 정도로.

위쪽 장면 말풍선:

***중류** 흐르는 강이나 냇물의 중간 부분.

*철수하다 있던 곳에서 시설이나 장비 등을 거두어서 물러남.
*냉전 시대 제2차 세계 대전 후 미국과 소련을 비롯한 양측 동맹국 사이에서의 대립 시기.

*비판하다 무엇에 대해 자세히 따져 옳고 그름을 밝히거나 잘못된 점을 지적함.
*제국주의 우월한 군사력과 경제력으로 다른 나라를 침략하여 거대한 국가를 건설하려는 경향.

*중심인물 어떤 단체나 사회에서 중심이 되는 인물.
*국유화 나라의 소유가 아니던 것이 나라의 소유가 되게 하는 것.

***정치** 사회 질서를 바로잡고 국민의 기본 생활을 위해 국가 권력을 유지하며 나라를 다스리는 일.
***외교** 다른 나라와 정치적, 경제적, 문화적 관계를 맺는 일.

*수문 물의 흐름을 막거나 물의 양을 조절하기 위해 설치한 문.
*시범적 모범을 보이는 것.

짜악
짜아악
성공이야!
슈아아
영웅들이 자기 시대로 돌아갔어.
으아아, 안 돼!

***매번** 각각의 차례.
***지도자** 남을 가르쳐 이끄는 사람.

***분하다** 억울한 일을 당하거나 될 듯한 일이 되지 않아서 매우 화가 남.

*기사 신문이나 잡지 등에서 어떠한 사실을 알리는 글.
*발표하다 어떤 사실이나 결과, 작품 등을 세상에 드러내어 널리 알림.

***가상도** 어떤 일의 상황을 가정하고 상상하여 그린 그림.

자유 장교단과 나세르

1882년, 영국은 수에즈 운하를 보호한다는 명목으로 이집트를 장악했어요. 40년이 지난 1922년, 이집트는 부분적으로 독립했지만 여전히 영국의 통치 아래 있었어요. 이집트의 군인이자 정치가였던 나세르는 영국을 쫓아내고 친영 왕정을 무너뜨리기 위해 무장 투쟁이 필요하다고 생각했어요. 이집트의 청년 장교들도 같은 생각이었어요. 나세르는 비밀리에 '자유 장교단'을 결성했고 마침내 1952년 7월 23일, 군사 쿠데타를 일으켜 권력을 잡았어요. 파루크 국왕이 추방되자, 나세르는 공화국을 선포했어요. 2300년 만에 이집트인에 의한 국가가 세워졌어요.

← 1952년
이집트 혁명을 주도한
자유 장교단 단원들

나세르
자유 장교단의 리더이자
이집트 제2대 대통령.

무함마드 나기브
이집트 군인이자 정치가.
초대 이집트 대통령.

1952년 쿠데타 당시 사용한 국기

군사 쿠데타 때 만들어진 국기에는 적색, 백색, 흑색(범아랍색)의 삼색에 고대 이집트의 신인 호루스의 매 문양이 새겨져 있어요. 자유 장교단이 내세운 아랍 민족의 해방과 단결 정신은 주변 아랍 국가들의 민중 운동에 큰 영향을 미쳤어요. 이후 아랍 세계에서는 붉은색, 흰색, 검은색 조합의 국기가 많이 생겼어요. 이라크, 시리아, 수단, 예멘 등의 국기가 그래요.

수에즈 운하의 국유화

수에즈 운하를 무리하게 건설하던 이집트는 재정이 부족해지자, 영국, 프랑스 등에 권리 일부를
넘기고 재정 관리를 받았어요. 1956년, 대통령이 된 나세르는 국민 앞에서 수에즈 운하 국유화를
선언했어요. 이에 영국, 프랑스, 이스라엘까지 합세해 이집트를 침략하면서 '제2차 중동 전쟁',
일명 '수에즈 전쟁'이 발발했어요. 하지만 당시 국제 관계를 주도하던 미국, 소련뿐만 아니라
국제 연합(UN)도 이집트 편을 들고 나섰어요. 여론이 나빠지자 이스라엘, 영국, 프랑스는 군대를
철수했어요. 유럽의 패권에 첫 반기를 든 아랍인, 나세르는 아랍 세계의 영웅으로 떠올랐어요.

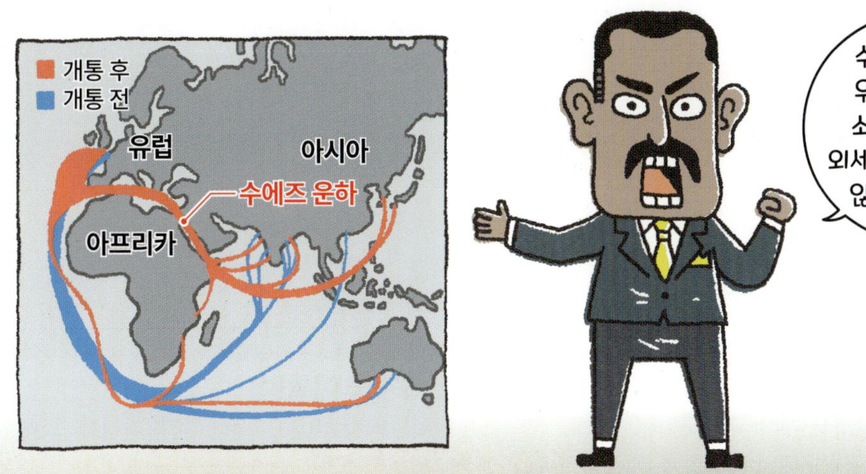

수에즈 운하

1869년 수에즈 운하 개통된 이후 유럽과 아시아를 오가는 거리가 이전보다
3분의 1로 짧아졌어요. 매년 2만여 척의 배가 수에즈 운하를 오가면서 내는
이용료가 70억 달러(약 6조 원)에 이르며, 이는 이집트의 주요 수입원이에요.

퀴즈 유럽과 아시아를 오가는 거리를 3분의 1로 줄인 운하는?
① 아스완 운하   ② 수에즈 운하

비동맹 운동의 성장

제2차 세계 대전 이후 아시아와 아프리카에서는 많은 신생 독립 국가들이 탄생했어요. 열강의 식민지였던 이들 국가는 또다시 강대국의 다툼에 희생되고 싶지 않았어요. 이렇게 해서 등장한 것이 바로 '제3 세계'예요. 미국 중심의 자본주의 진영(제1 세계)과 소련 중심의 공산주의 진영(제2 세계) 어느 편에도 들지 않고, '비동맹 중립 노선'을 추구했어요. 이러한 움직임은 미국과 소련 중심의 세계 질서에 큰 충격을 주었고, 국제 연합(UN)에서 발언권 강화로 이어졌어요. 하지만 제3 세계 국가들은 지금도 민족과 종교 문제, 가난 등으로 갈등을 겪고 있어요.

↑ **아시아·아프리카 회의(1955년)**
인도네시아 반둥에서 23개 아시아 국가와 6개의 아프리카 국가 대표가 모여서 미국과 소련 중심의 국제 질서를 비판하며 '평화 10원칙'을 제시했어요.

↑ **5개국 대통령**
왼쪽부터 네루(인도), 은크루마(가나), 나세르(이집트), 수카르노(인도네시아), 티토(유고슬라비아) 대통령이에요.

평화 10원칙

1. 기본적 인권과 국제 연합 헌장 존중
2. 주권과 영토 보전 존중
3. 인류와 국가 간의 평등
4. 내정 불간섭
5. 단독·집단의 자위권 존중
6. 강대국에 유리한 집단 방위 배제
7. 무력 침공 부정
8. 국제 분쟁의 평화적 해결
9. 상호 이익·협력 촉진
10. 정의와 국제 의무 존중

박정희와 5.16 군사 정변

1960년 4월 19일, 우리나라 국민들은 이승만 독재 정권을 몰아내고 선거를 통해 새로운 민주 정부를 세웠어요. 하지만 1년이 지난 1961년 5월 16일, 박정희와 일부 군인들이 군사 정변을 일으켜 정권을 장악했어요. 박정희는 1963년, 스스로 출마해 대통령이 된 이후 죽을 때까지 18년 동안 대통령 자리에 있었어요. 또 '유신 헌법'을 만드는 등 장기 독재 체제를 강화하고, 민주주의를 억압했지요. 박정희가 집권한 동안 우리나라 민주주의는 크게 후퇴했지만, 눈부신 경제 성장이 이루어진 시기이기도 해요.

냥이가 이집트의 역사와 문화 ○✕ 퀴즈에 도전했어요.
답을 골라 이동하여 마지막 칸으로 골인해 보세요.
출발!
고대 이집트에서는 왕을 파라오라고 불렀어.
람세스 2세는 히타이트와 평화 협정을 맺었어.
살라딘은 십자군 전쟁 때 예루살렘을 빼앗겼어.
살라딘과 리처드 1세는 한 사람이 죽을 때까지 싸웠어.

쿠푸왕은 세계에서 가장 큰 피라미드를 지었어.
이집트인은 육체가 죽으면 영혼도 함께 죽는다고 생각했어.
나세르는 수에즈 운하의 국유화를 선언했어.
스핑크스는 지혜와 용기를 상징하는 수호신이야.
이집트의 로제타석에는 세 가지 고대 문자가 새겨 있어.
영국과 프랑스는 이집트의 유물을 지켜 주었어.
무함마드 알리는 맘루크를 포용하는 정책을 썼어.
도착!

가로세로 십자말풀이에 도전해서
이집트에 관한 상식을 쑥쑥 쌓아 보세요!

가로 풀이

2. 그날그날의 비, 구름, 바람, 기온 따위가 나타나는 기상 상태. 날씨.
3. 이집트의 수도. 나일강 하류의 삼각주 남쪽 끝에 있으며, 운하 교통의 요충지이다.
6. 스승과 제자를 아울러 이르는 말.
7. 대기 중에 돌입한 유성이 다 타지 않고 남아서 지구상에 떨어지는 것.
9. 썩지 않고 건조되어 원래 상태에 가까운 모습으로 남아 있는 인간이나 동물의 사체.

세로 풀이

1. 고대 이집트 문명의 발상지이며, 이집트에서 제일 긴 강.
4. 사는 곳을 다른 데로 옮김.
5. 1799년에 나폴레옹의 이집트 원정군이 나일강 어귀의 로제타 마을에서 발견한 비석.
7. 배의 운항이나 관개 따위를 위해 육지에 인위적으로 파 놓은 물길. 수에즈 ○○.
8. 이슬람교의 유일신이자, 아랍인들 사이에 절대자인 하느님을 가리키는 말.

다음의 이집트 그림 문자를 바탕으로
<보기>에서 알맞은 단어를 찾아 쓰세요.

그림 문자

보기

SPHINX(스핑크스) EGYPT(이집트) PHARAOH(파라오)
FRIEND(프렌드) CAIRO(카이로) SALADIN(살라딘)

1 아래 유적과 관련된 문명을 지도에서 찾아보세요.

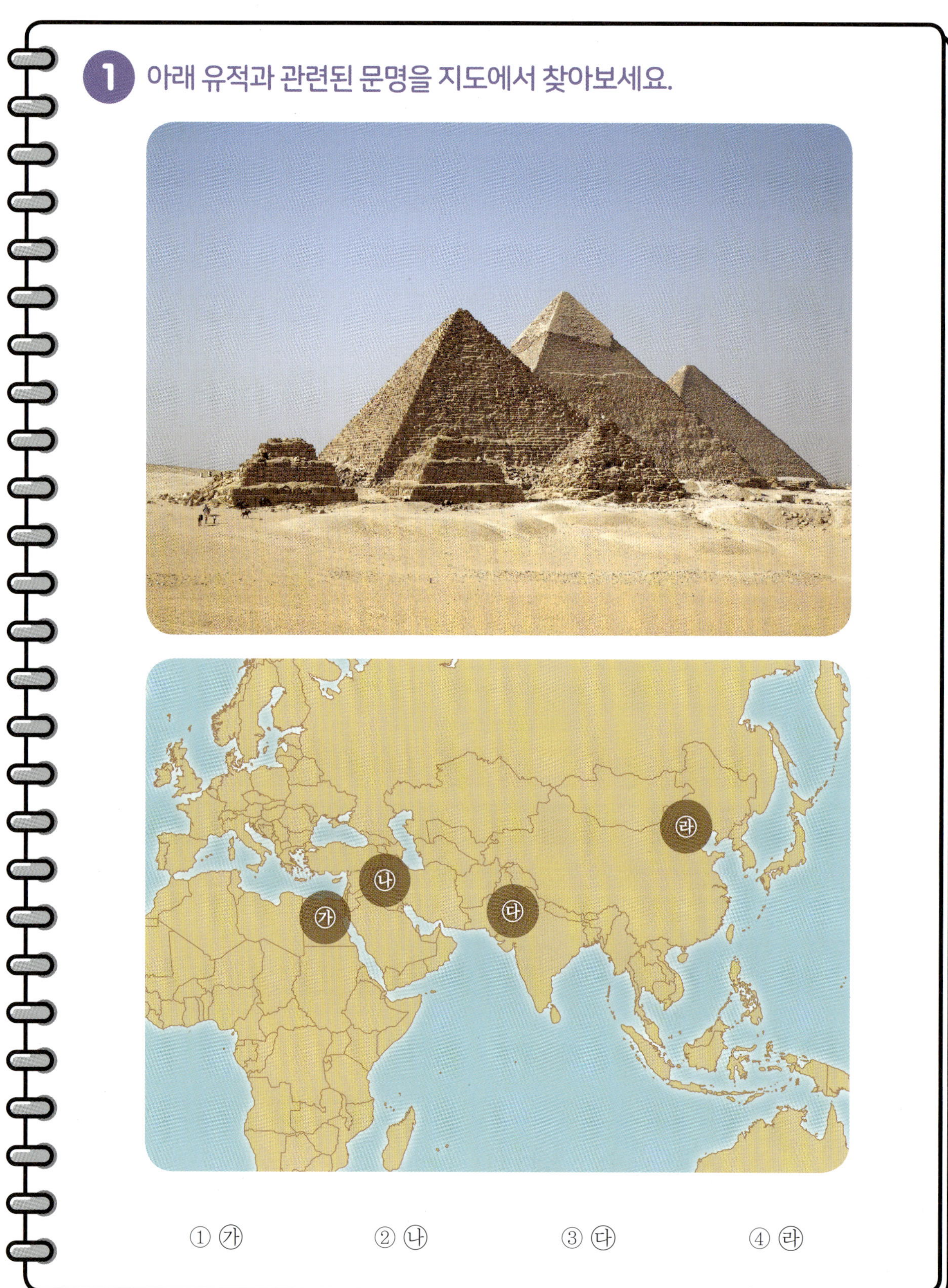

① 가　　　② 나　　　③ 다　　　④ 라

 고대 이집트 문명을 상징하는 유적물의 명칭을 적어 보세요.

가

나

3 다음은 이집트를 다스린 파라오의 이름이에요.
이집트 그림 문자를 참고하여 알맞은 답을 고르세요.

① 쿠푸왕
(KHUFU)

② 누트왕
(NUT)

③ 카프레왕
(KHAFRE)

④ 나세르
(NASSER)

4 다음은 ○○(을/를) 만드는 과정이에요.
고대 이집트인들이 만들고 있는 이것은 무엇인가요?

① 인형　　　② 좀비　　　③ 미라　　　④ 부적

5 아래는 인류 역사상 최초의 평화 협정을 한 '카데시 평화 협정문'이
새겨진 점토판이에요. 이와 관련된 인물을 다음 중 고르세요.

"이제부터 영원토록, 평화와 우정이 함께할 것이다.
…… 이 협약에 따라, 이집트의 위대한 왕과 하티의
위대한 왕자는 이제부터 서로를 적대시하지 않을
것을 신들께 맹세한다.
…… 하티의 위대한 왕자는 영원히 이집트의 땅을
침략하지 않으리라. 이집트의 위대한 왕은 영원히
하티의 땅을 침략하지 않으리라."

① 모세　　　② 쿠푸왕　　　③ 람세스 2세　　　④ 살라딘

6 다음은 영국 대영 박물관에 있는 람세스 2세 석상이에요.
이와 같은 일이 일어난 까닭으로 가장 알맞은 것을 고르세요.

이집트 문명은 역사상 가장 오래된 문명이자 찬란했던 문명 중 하나예요. 그런데 영국 대영 박물관과 프랑스 루브르 박물관 등에는 이집트 유물이 빼곡히 전시될 정도로 많아요.

① 이집트에서 다른 나라에 기증했어요.
② 중요한 문화재라 잘 보호하기 위해서예요.
③ 이집트 문명을 연구할 목적이었어요.
④ 이집트를 침략하여 강제로 빼앗아 온 거예요.

7 다음의 (가)에 들어갈 알맞은 역사 사건은 무엇인가요?

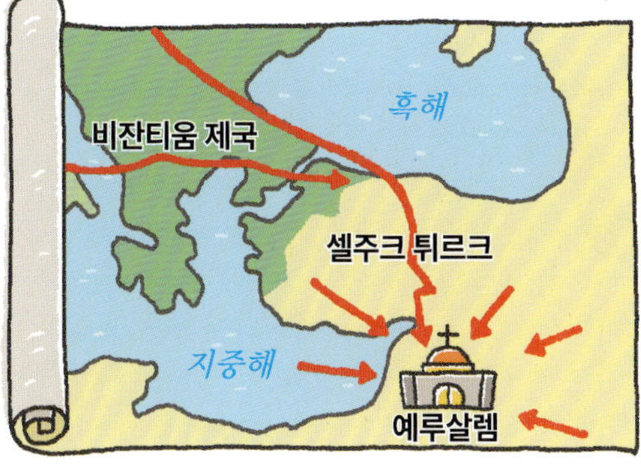

11세기 말, 이슬람 세력이 예루살렘을 점령한 후 비잔티움 제국을 위협했어요. 이에 로마 교황의 주도로 200여 년간 수차례에 걸쳐 예루살렘을 두고 (가)이/가 일어났어요.

① 카데시 전투　　② 십자군 전쟁　　③ 장미 전쟁　　④ 중동 전쟁

8 다음 설명과 관련 있는 것은 무엇일까요?

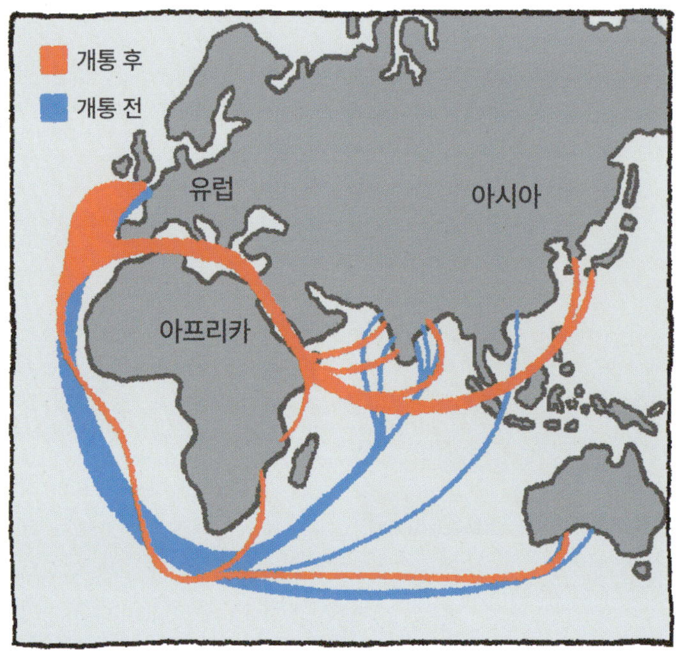

1869년 개통된 이후 유럽과 아시아를 오가는 거리가 이전보다 3분의 1로 짧아졌어요. 매년 2만여 척의 배가 이 운하를 오가면서 내는 이용료가 70억 달러(약 6조 원)에 이르며, 이는 이집트의 주요 수입원이에요.

① 베니스 운하　　② 아라뱃길　　③ 파나마 운하　　④ 수에즈 운하

9 다음 힌트를 보고 알맞은 것을 고르세요.

힌트 ①	제2차 세계 대전 이후 아시아와 아프리카에 많은 신생 독립 국가들이 등장했어요.
힌트 ②	이들 나라들은 강대국의 다툼에 희생되고 싶지 않았어요.
힌트 ③	미국과 소련 중심의 어느 편에 들지 않고 '비동맹 중립 노선'을 추구했어요.
힌트 ④	1955년 인도네시아 반둥에서 '아시아·아프리카 회의'를 열었어요.
힌트 ⑤	세계 평화와 협력을 강조하며, '평화 10원칙'을 채택했어요.

① 제1 세계　　② 제2 세계　　③ 제3 세계　　④ 제4 세계

10 밀크T 프렌즈가 이야기하고 있는 사람은 누구일까요?

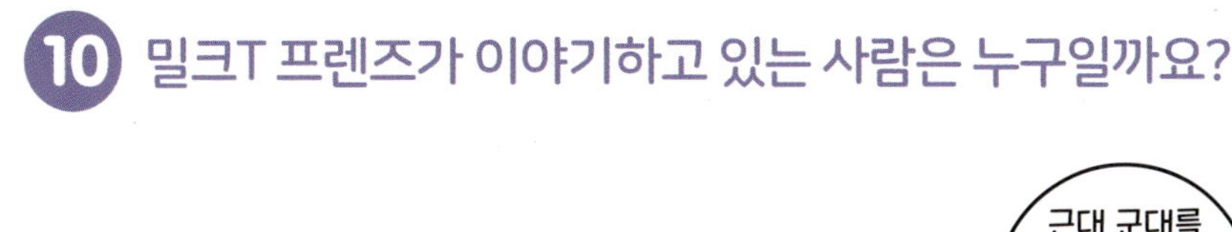

① 무함마드 알리　　② 나세르　　③ 나기브　　④ 엘시시

도전 세계사 놀이 퀴즈·○X 미로 찾기

낭이가 이집트의 역사와 문화 ○X 퀴즈에 도전했어요.
답을 골라 이동하여 마지막 칸으로 골인해 보세요.

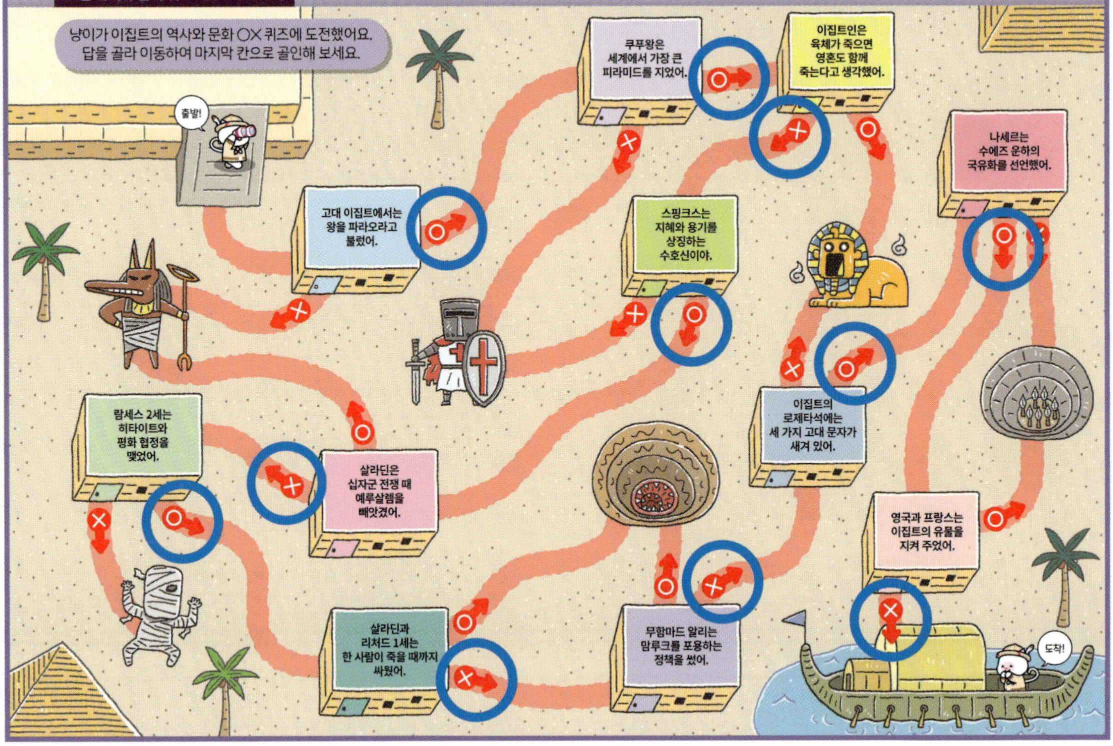

도전 세계사 놀이 퀴즈·가로세로 십자말풀이

가로세로 십자말풀이에 도전해서
이집트에 관한 상식을 쑥쑥 쌓아 보세요!

가로 풀이

2. 그날그날의 비, 구름, 바람, 기온 따위가 나타나는 기상 상태. 날씨.
3. 이집트의 수도. 나일강 하류의 삼각주 남쪽 끝에 있으며, 운하 교통의 요충지이다.
6. 스승과 제자를 아울러 이르는 말.
7. 대기 중에 돌입한 유성이 다 타지 않고 남아서 지구상에 떨어지는 것.
9. 썩지 않고 건조되어 원래 상태에 가까운 모습으로 남아 있는 인간이나 동물의 사체.

세로 풀이

1. 고대 이집트 문명의 발상지이며, 이집트에서 제일 긴 강.
4. 사는 곳을 다른 데로 옮김.
5. 1799년에 나폴레옹의 이집트 원정군이 나일강 어귀의 로제타 마을에서 발견한 비석.
7. 배의 운항이나 관개 따위를 위해 육지에 인위적으로 파 놓은 물길. 수에즈 ○○.
8. 이슬람교의 유일신이자, 아랍인들 사이에 절대자인 하느님을 가리키는 말.

도전 세계사 놀이 퀴즈·상형 문자 퀴즈

다음의 이집트 그림 문자를 바탕으로
<보기>에서 알맞은 단어를 찾아 쓰세요.

그림 문자

A B C D E F G H I
J K L M N O P Q R
S T U V W X Y Z

보기

SPHINX(스핑크스) EGYPT(이집트) PHARAOH(파라오)
FRIEND(프렌드) CAIRO(카이로) SALADIN(살라딘)

→ EGYPT

→ SPHINX

→ PHARAOH

→ FRIEND

①답 ①

이집트 문명은 나일강을 중심으로 발생했다.
청동기 및 상형 문자를 사용했고, 강력한 파라오가 등장했다.

②답 ㉮ 스핑크스 ㉯ 피라미드

스핑크스와 피라미드는 태양의 아들인 파라오의 강력한 권력을 바탕으로 건설된
고대 이집트의 상징물이다.

③답 ①

이집트 그림 문자를 따라 알파벳을 적어 보면 KHUFU, 즉 '쿠푸왕'이다.

④답 ③

고대 이집트인들은 사람이 죽으면 영혼이 육체에서 나갔다가 다시 돌아와
영원히 살게 된다고 믿었다. 그래서 육체가 썩지 않도록 미라를 만들었다.

⑤답 ③

이집트의 람세스 2세와 히타이트 제국의 하투실리 3세는 카데시에서 벌이던 전쟁을 끝내고,
인류 최초의 평화 조약을 체결했다.

⑥답 ④

영국과 프랑스 등 열강들은 이집트에 침략하여 고대 이집트 유물을 대규모로 약탈해 가서
자국의 박물관에 전시하고 있다.

⑦답 ②

크리스트교의 성지인 예루살렘을 되찾겠다는 명분을 가지고 십자군이 쳐들어와서
이슬람 세력과 200여 년간 전쟁을 벌였으나, 십자군 원정은 실패로 돌아갔다.

⑧답 ④

지중해와 홍해, 인도양을 잇는 수에즈 운하는 아프리카 대륙을 돌아가지 않고
곧바로 유럽과 아시아가 연결되는 통로로 중요한 역할을 하고 있다.

⑨답 ③

'제3 세계'는 미국과 소련 중심의 냉전 질서에서 벗어나고자 개발 도상국가들이 결성했으며,
지리학적으로는 아프리카, 아시아, 라틴 아메리카 대륙의 나라들이 많이 포함돼 있다.

⑩답 ①

무함마드 알리는 이집트를 근대화시킨 지도자로 통하며, 이집트의 마지막 왕조인
무함마드 알리 왕조의 창시자이다.

이집트

기원전

5000년~3000년경	나일강 유역에서 이집트 문명 시작
3100년경	메네스, 최초로 통일 이집트 왕국 건설
2550년경	기자 대피라미드 시대 개막
1274년경	람세스 2세와 히타이트의 카데시 전투
1200년	모세가 이끈 유대인의 출애굽
305년	프톨레마이오스 왕조 시작
31년	로마의 지배 받기 시작

람세스 2세와 히타이트의 카데시 전투

기원후

640년	이슬람 제국의 지배 받기 시작
868년	툴룬 왕조 성립
969년	파티마 왕조 성립과 새 수도 카이로 건설
1171년	아이유브 왕조 성립
1187년	살라딘, 십자군으로부터 예루살렘 수복
1250년	맘루크 왕조 성립
1517년	오스만 제국 성립
1798년	나폴레옹의 이집트 침입
1805년	근대 이집트의 아버지, 무함마드 알리 등장
1869년	지중해와 홍해를 잇는 수에즈 운하 개통
1914년	영국 보호령 시작
1922년	영국으로부터 독립 선언
1952년	자유 장교단의 군사 쿠데타 및 공화국 선포
1956년	제2차 중동 전쟁(수에즈 전쟁) 발발
1970년	아스완 하이 댐 완공

살라딘 성채(카이로 성채)

아스완 하이 댐

세계사	한국사
기원전	**기원전**
3500년경 메소포타미아 문명 등장	2333년 고조선 건국
2500년경 인더스·황허 문명 등장	57년 신라 건국
753년 로마 건국	37년 고구려 건국
264년 포에니 전쟁	18년 백제 건국
기원후	**기원후**
375년 게르만족 대이동 시작	552년 백제가 일본에 불교 전파
395년 로마 제국, 동서로 분열	698년 발해 건국
610년 이슬람교 창시	918년 고려 건국
1096년 십자군 원정	1392년 고려 멸망, 조선 건국
1337년 영국-프랑스, 백 년 전쟁(~1453년)	1443년 훈민정음 창제
1492년 콜럼버스, 아메리카 항로 발견	1592년 임진왜란(~1598년)
1517년 루터의 종교 개혁	1866년 병인박해, 병인양요
1642년 영국, 청교도 혁명	1871년 신미양요
1688년 영국, 명예혁명	1876년 강화도 조약 체결
1776년 미국, 독립 선언	1897년 대한 제국 수립
1789년 프랑스, 프랑스 혁명	1910년 일본에 국권 강제로 빼앗김
1914년 제1차 세계 대전	1919년 3.1 운동, 대한민국 임시 정부 수립
1929년 세계 대공황	1945년 8.15 광복
1939년 제2차 세계 대전	1948년 대한민국 정부 수립

사진 출처

42 쿠푸왕 | 위키피디아

49 카프레왕 | 위키피디아 ⓒJon Bodsworth

대스핑크스와 카프레왕 피라미드 | 위키피디아(CC BY-SA 4.0) ⓒInfouad

50 대영 박물관 람세스 2세 석상 | 위키피디아(CC BY-SA 4.0) ⓒSpeedster

루브르 박물관 타니스의 대형 스핑크스 | 위키피디아(CC BY-SA 3.0 fr) ⓒRama

51 장군총 | 위키피디아(CC BY-SA 4.0) ⓒPrcshaw

석촌동 고분군 3호 | 위키피디아(CC0) ⓒSaigen Jiro

61 람세스 2세 | 위키피디아(CC BY-SA 3.0 fr) ⓒRama

84 카데시 평화 조약 점토판 | 위키피디아(CC BY-SA 3.0 fr) ⓒIocanus

85 아부심벨 신전 | 위키피디아 | 위키피디아(CC BY-SA 3.0) ⓒOlaf Tausch

87 룩소르 라메세르 신전 | 위키피디아(CC BY-SA 3.0) ⓒMarc Ryckaert

97 살라딘 | 위키피디아

118 살라딘에게 항복하는 기 드 뤼지냥 | 위키피디아

120 십자군의 예루살렘 만행 | 위키피디아

132 무함마드 알리 | 위키피디아

150 무함마드 알리 모스크 | 위키피디아(CC BY-SA 3.0) ⓒkallerna

151 무함마드 알리와 영국 관리의 인터뷰 | 위키피디아

152 로제타석 | 위키피디아(CC BY-SA 4.0) ⓒHans Hillewaert

156 나세르 | 위키피디아

182 자유 장교단 단체 사진 | 위키피디아

183 수에즈 운하와 수에즈 대교 | 위키피디아

184 아시아·아프리카 회의(반둥 회의) | 위키피디아

반둥 회의에 참여한 주요 5개국 대통령 | 위키피디아(CC BY-SA 4.0) ⓒaog

190 기자의 대피라미드 | 위키피디아(CC BY-SA 2.0) ⓒRicardo Liberato

세계 지도 | 위키피디아

191 대스핑크스와 카프레왕 피라미드 | 위키피디아(CC BY-SA 4.0) ⓒInfouad

192 카데시 평화 조약 점토판 | 위키피디아(CC BY-SA 3.0 fr) ⓒIocanus

193 대영 박물관 람세스 2세 석상 | 위키피디아(CC BY-SA 4.0) ⓒSpeedster

198 람세스 2세의 카데시 전투 | 위키피디아

살라딘 성채(카이로 성채) | 위키피디아(CC BY-SA 2.0) ⓒAhmed Al.Badawy

아스완 하이 댐 | 위키피디아(CC BY-SA 3.0 fr) ⓒOrlova-tpe